is learning to write!

# A is for Apple

# B is for Boat

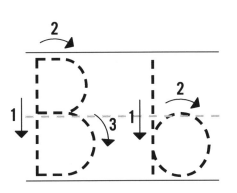

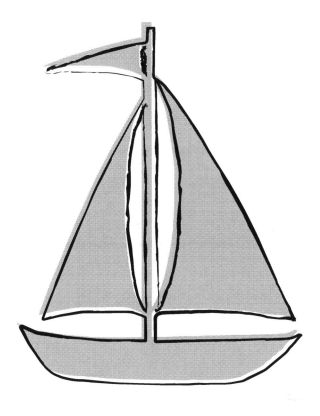

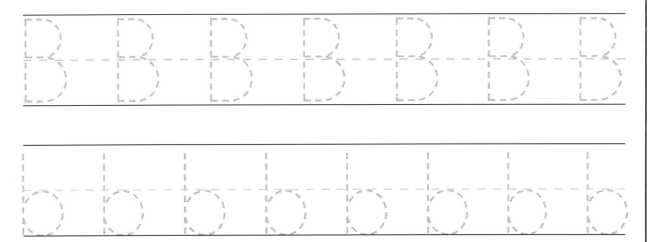

B B B B B B B B B

B B B B B B B B

B B B B B B B B

B B B B B B B B

B B B B B B B B

B B B B B B B B

b b b b b b b b

b b b b b b b b

b b b b b b b b

b b b b b b b b

b b b b b b b b

b b b b b b b

# C is for Car

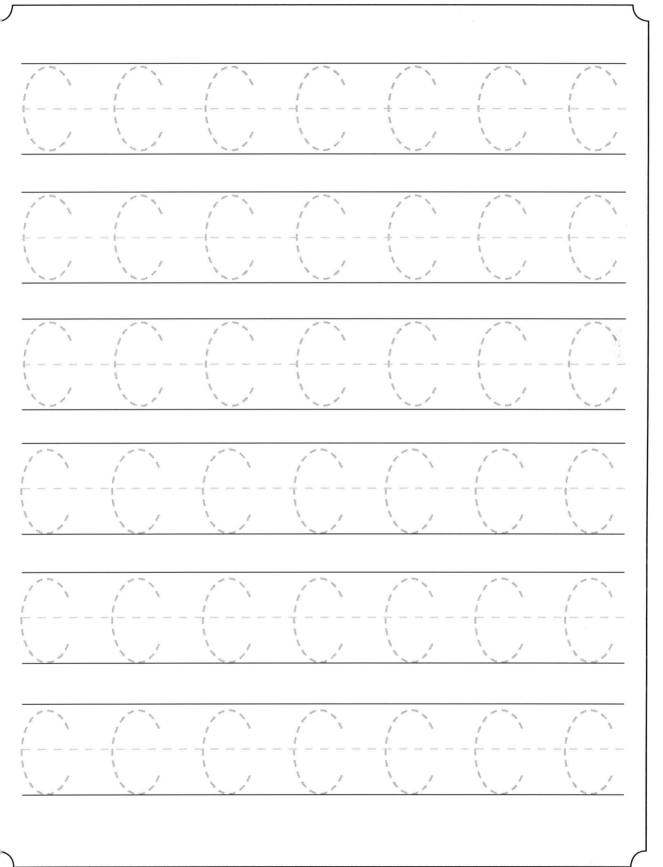

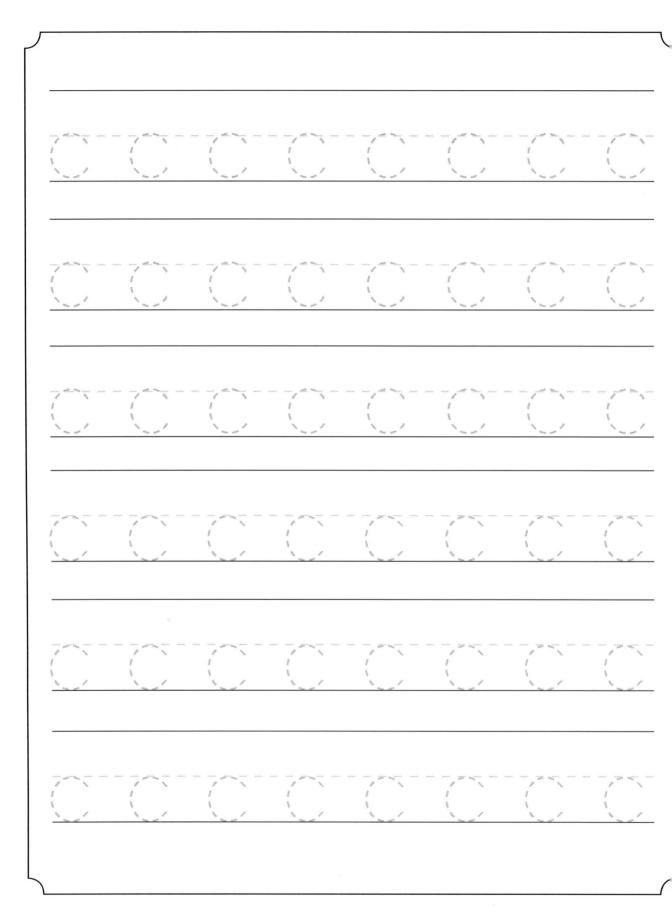

# D is for Dolphin

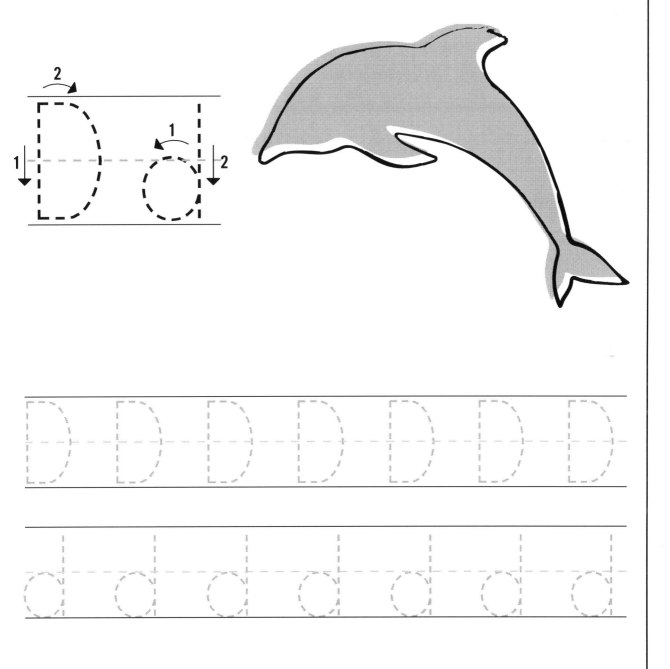

DDDDDD

DDDDDD

DDDDDD

DDDDDD

DDDDDD

DDDDDD

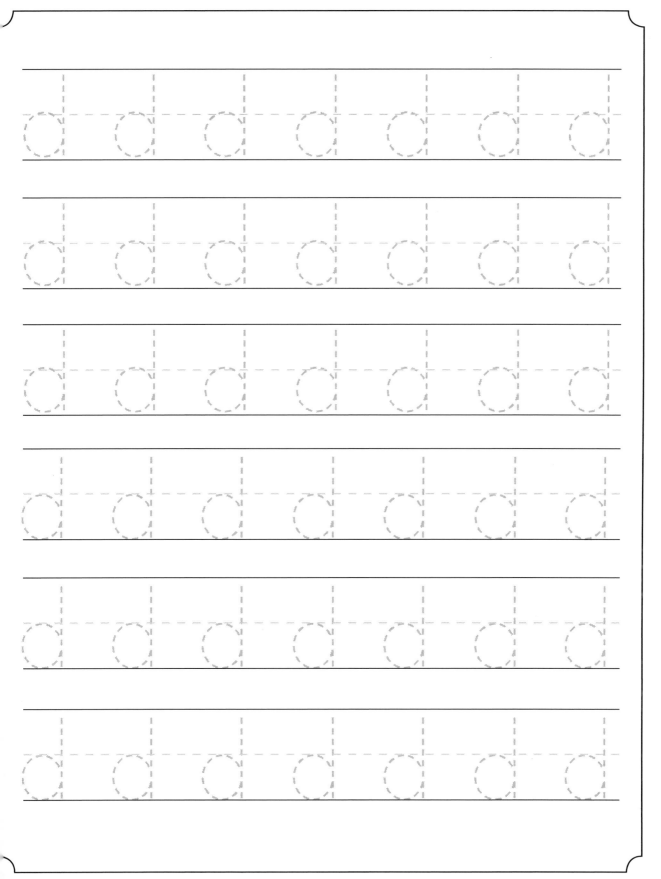

# E is for Elephant

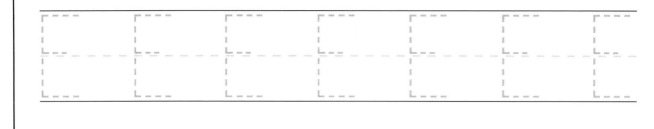

# F is for Fish

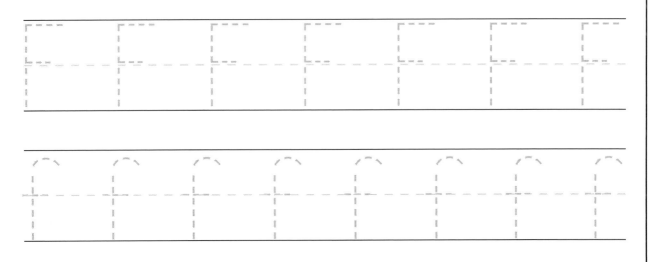

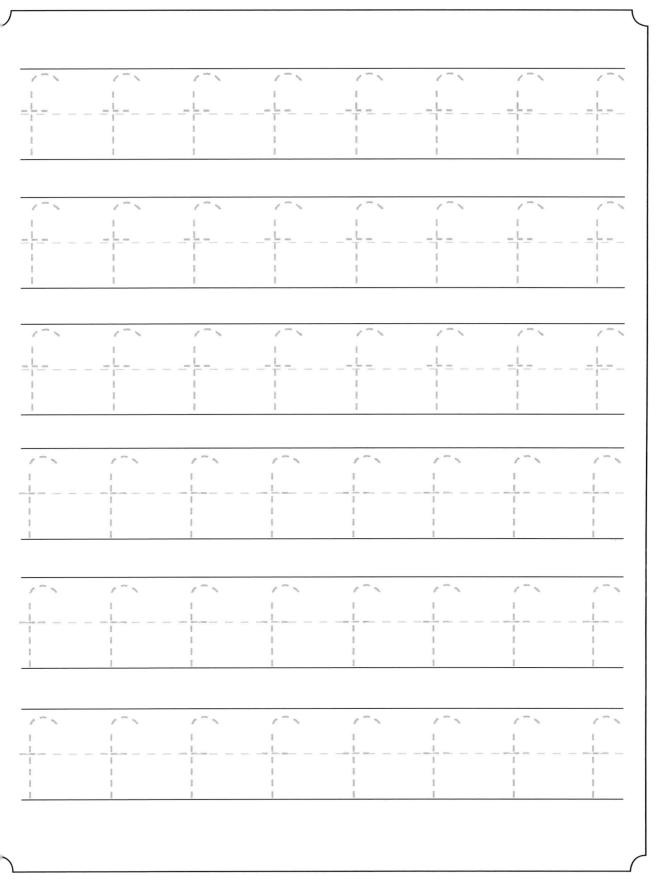

# G is for Grapes

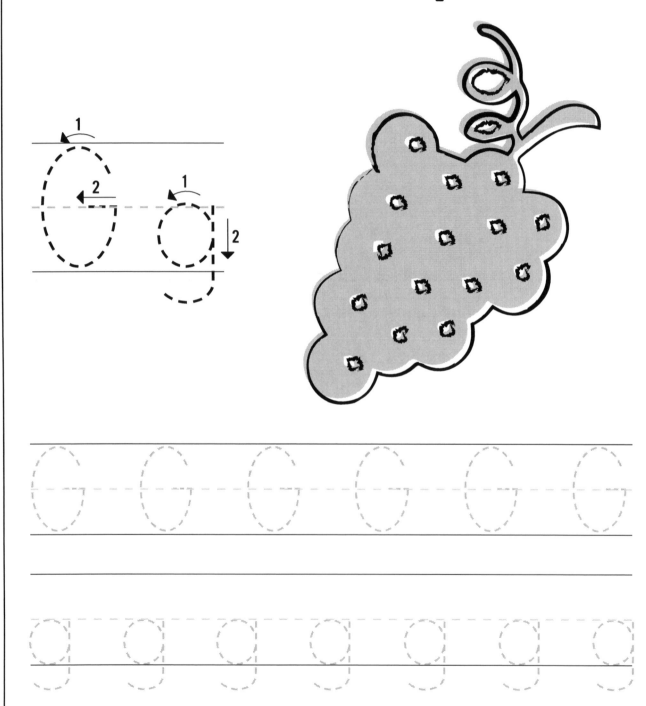

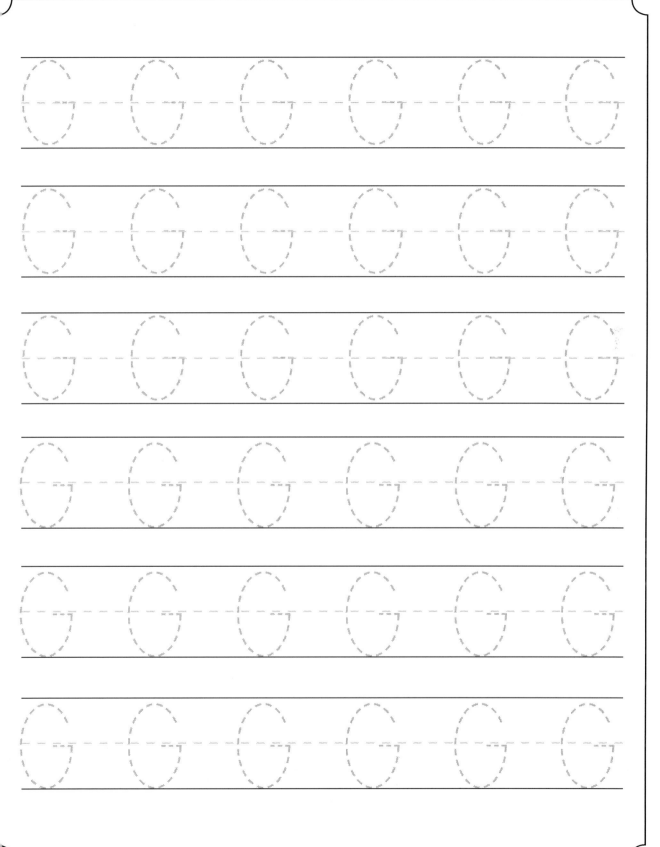

g g g g g g g

g g g g g g g

g g g g g g g

g g g g g g g

g g g g g g g

g g g g g g g

# H is for House

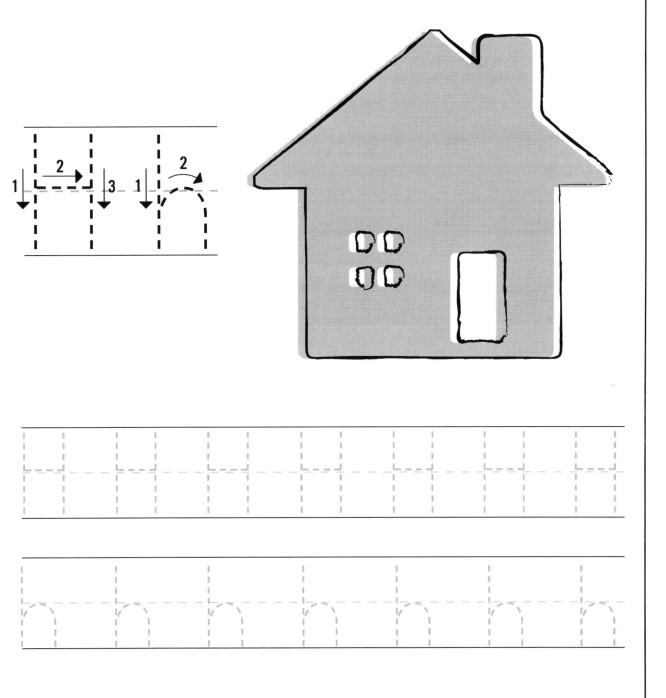

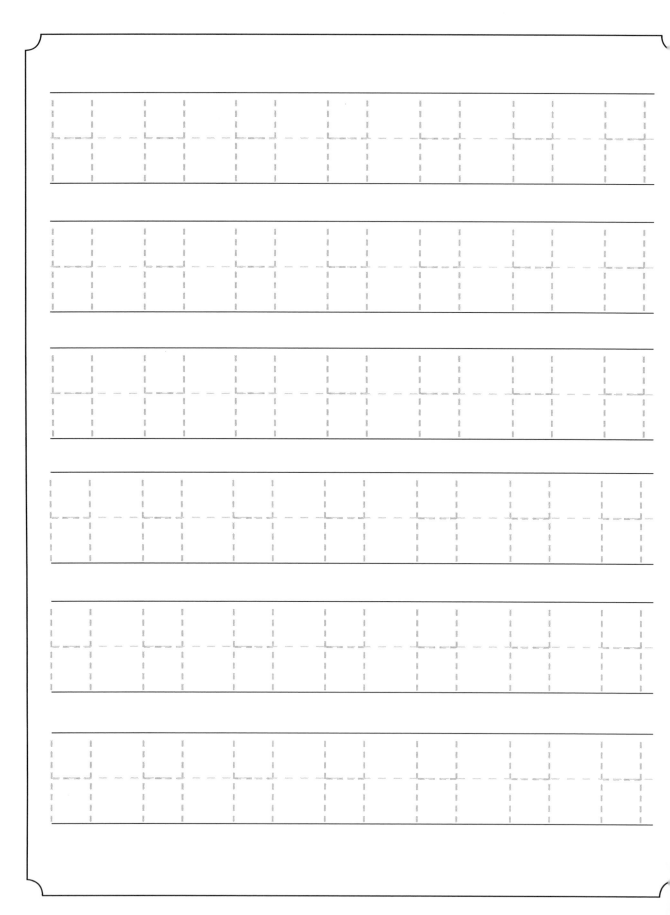

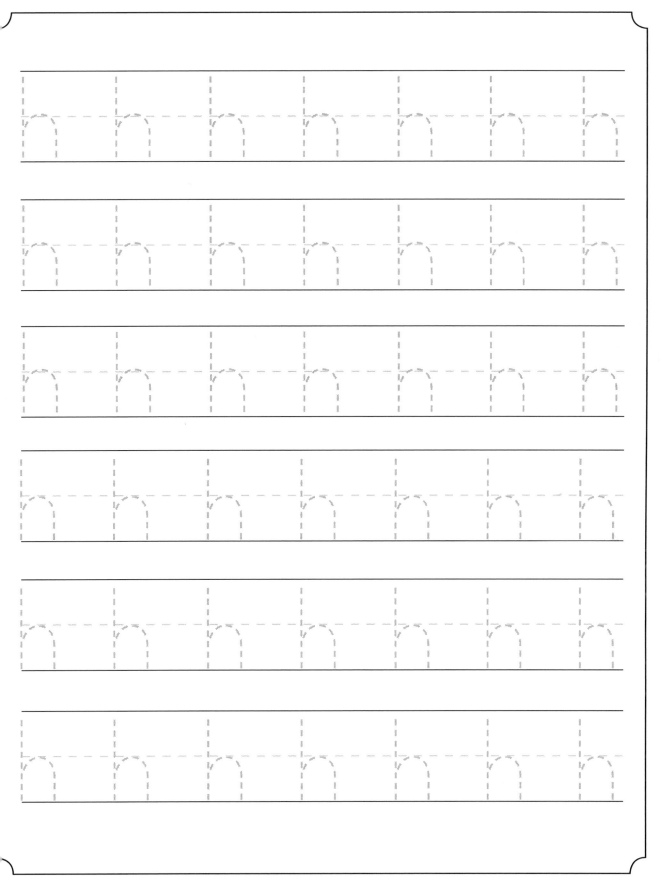

# I is for Ice Cream

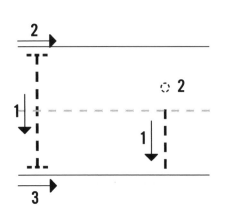

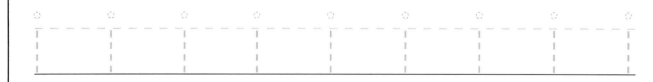

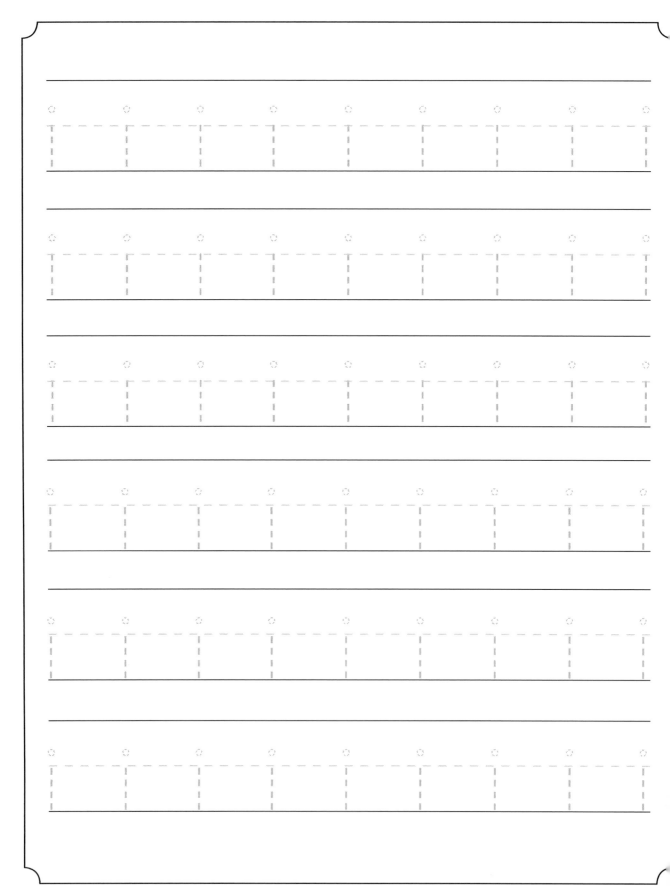

# J is for Jellyfish

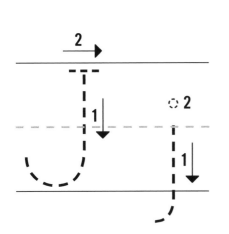

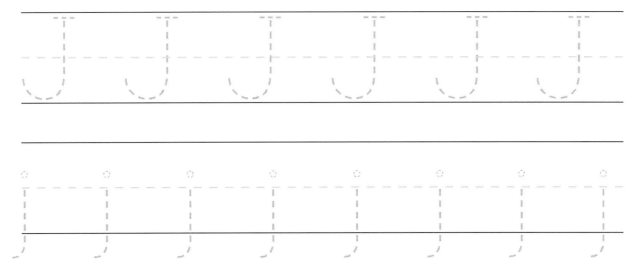

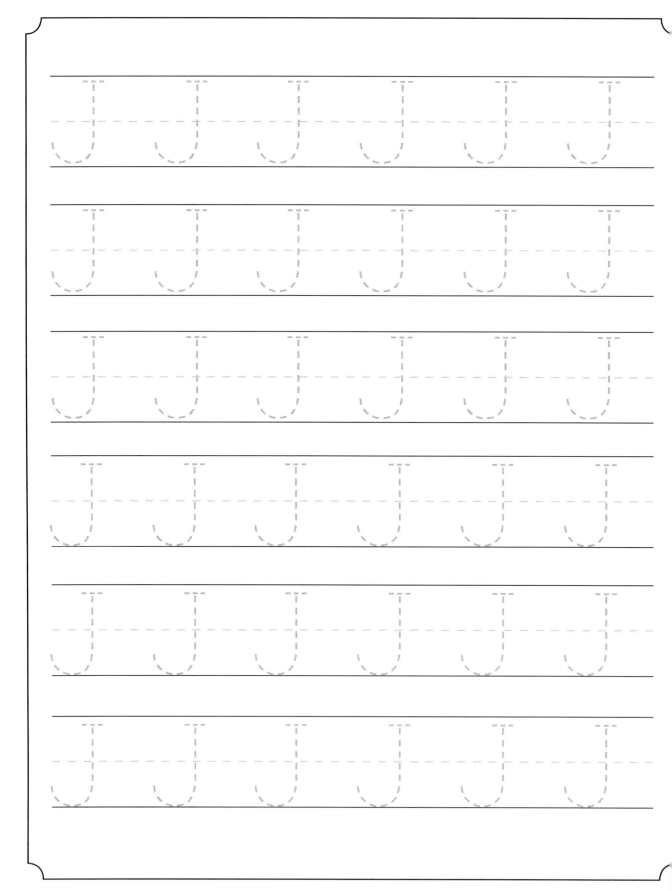

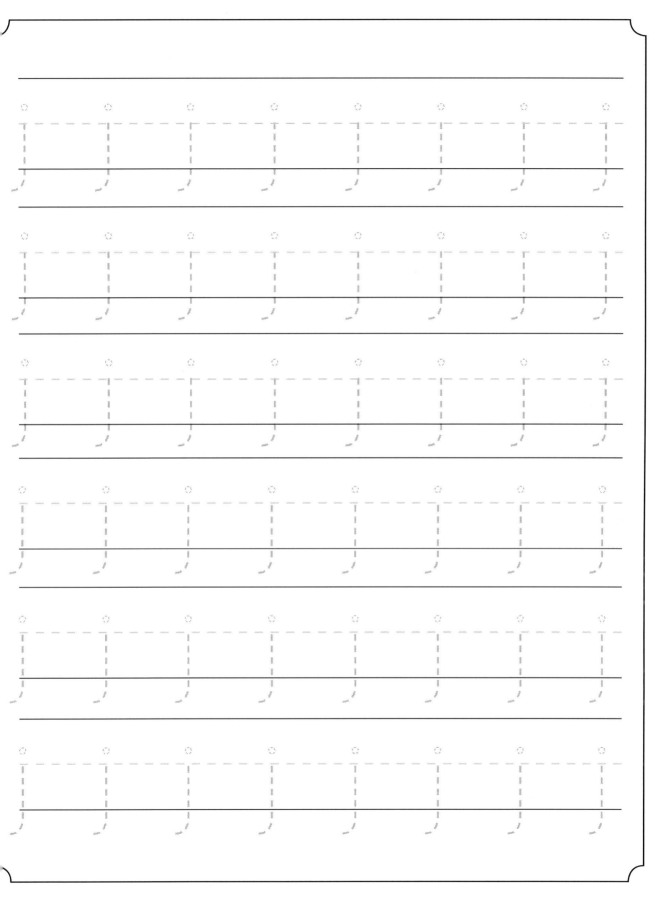

# K is for Key

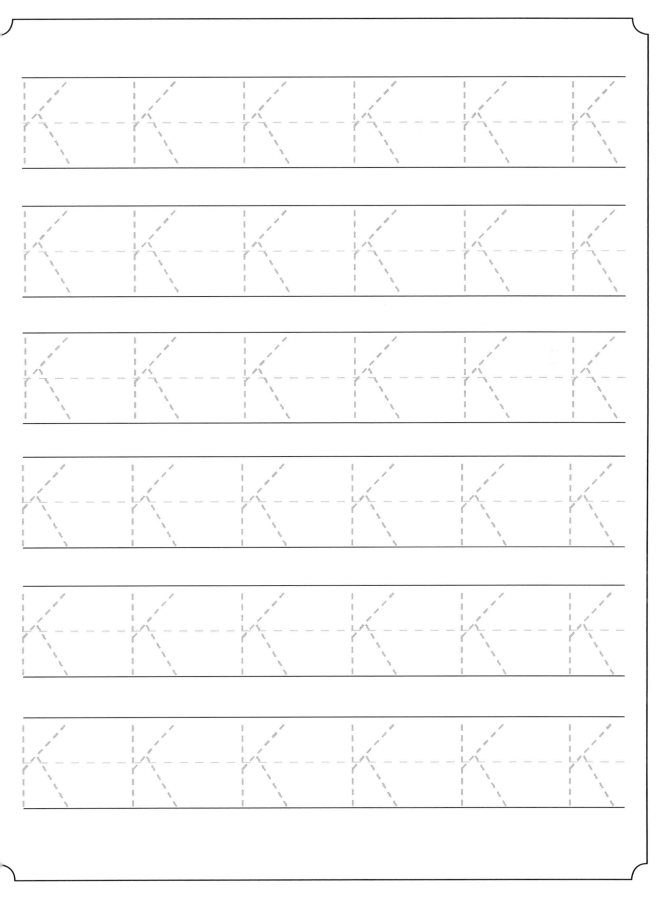

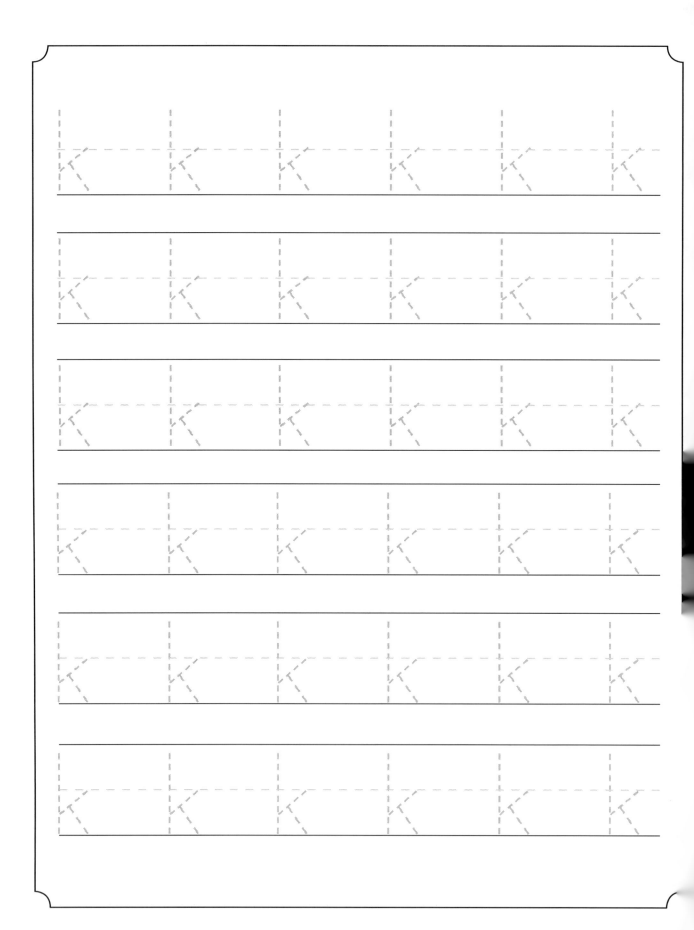

# L is for Leaf

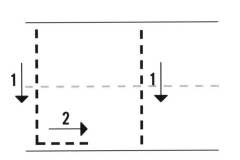

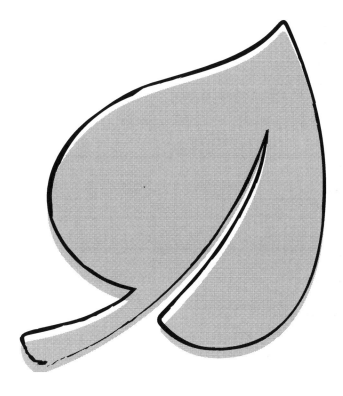

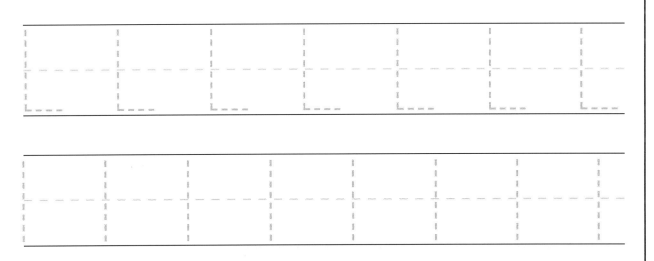

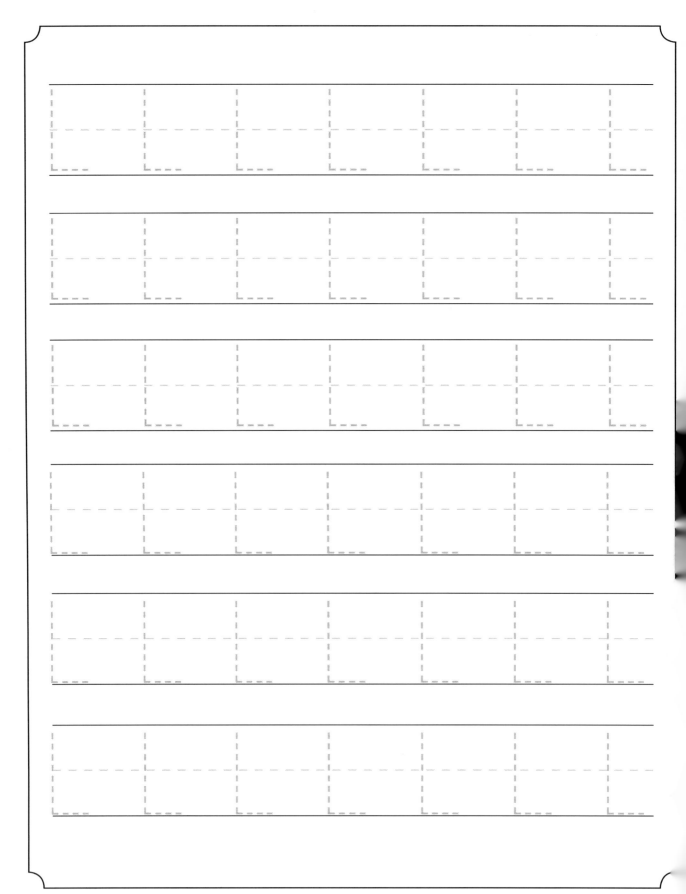

# M is for Moon

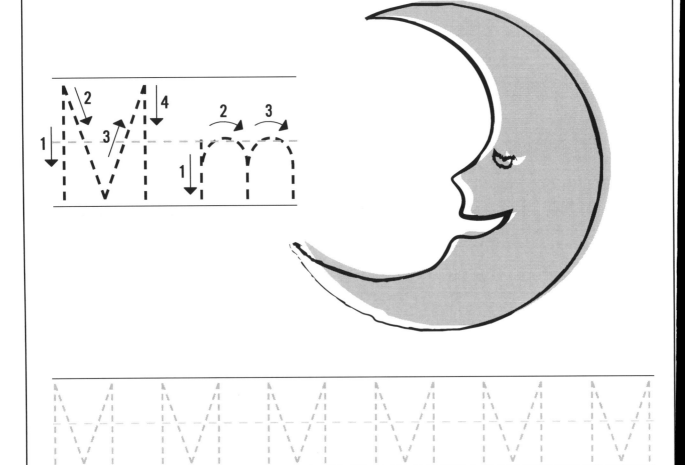

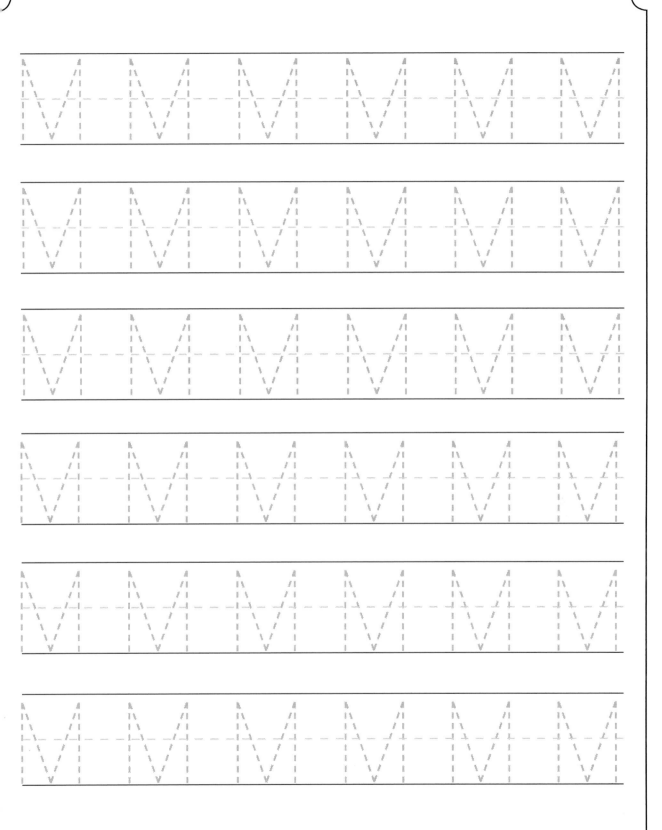

# N is for Net

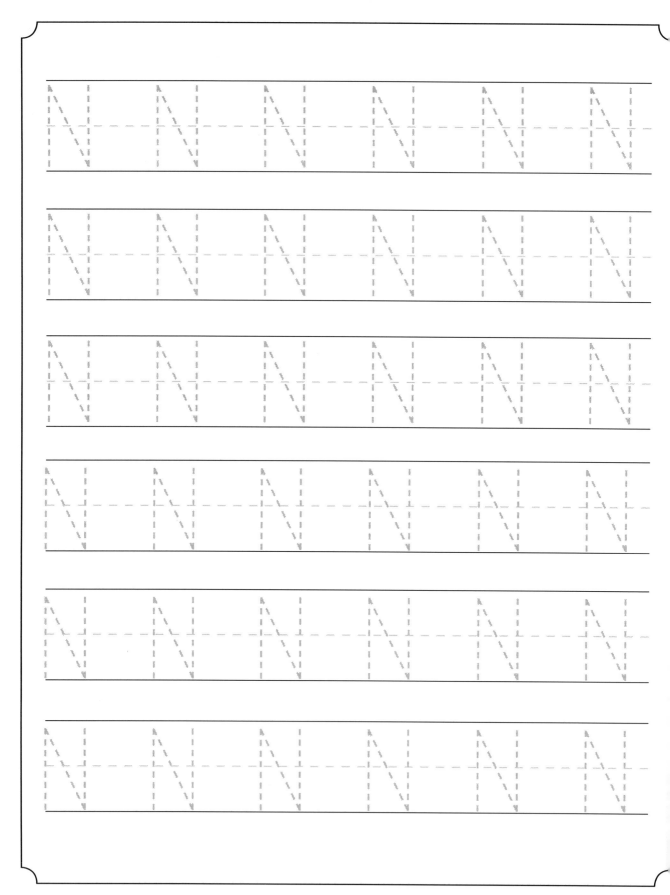

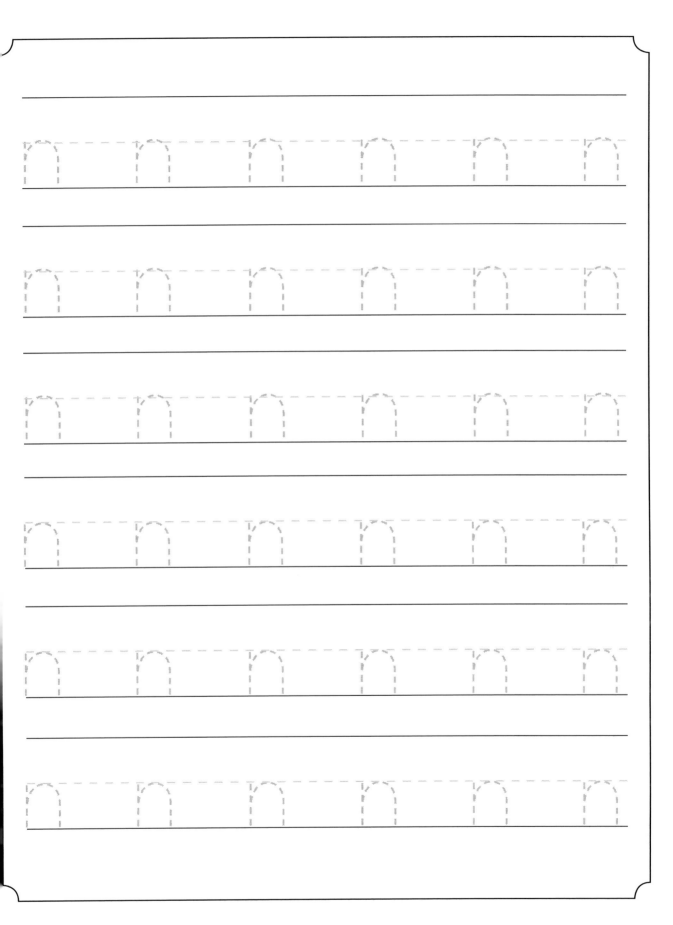

# O is for Octopus

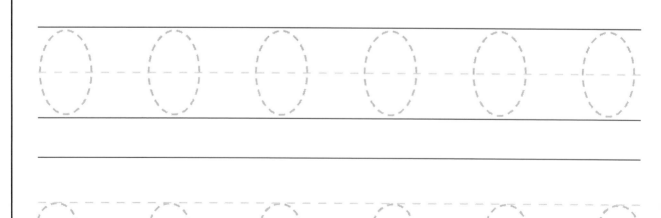

# P is for Pizza

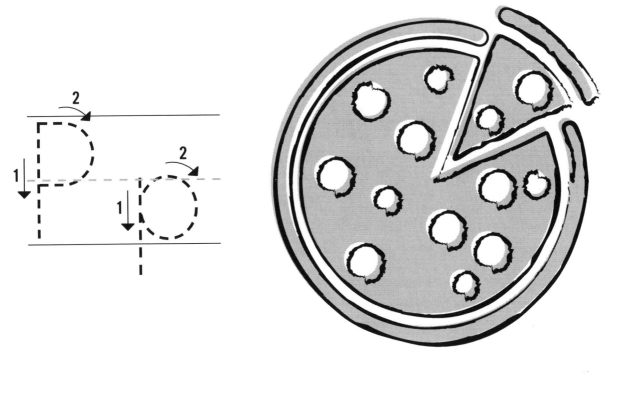

P P P P P P

P P P P P P

P P P P P P

P P P P P P

P P P P P P

P P P P P P

# Q is for Question

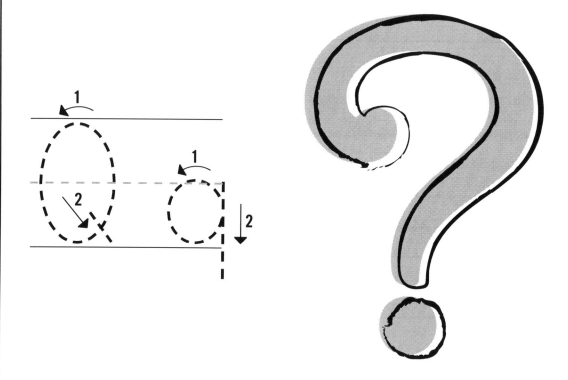

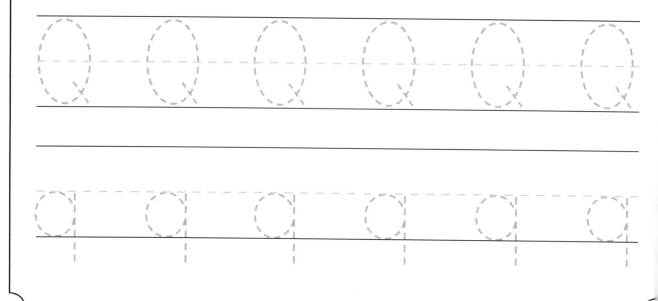

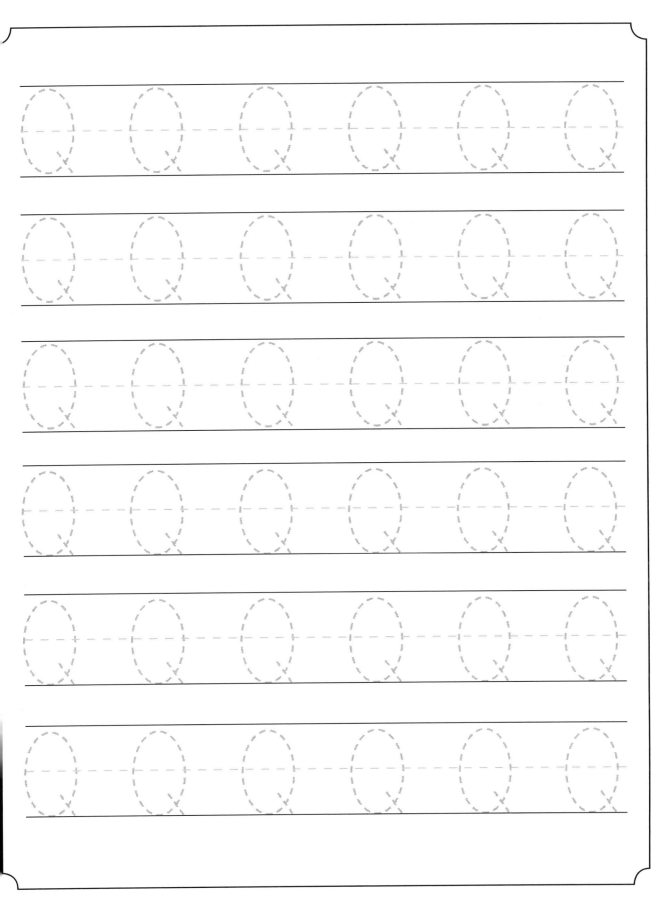

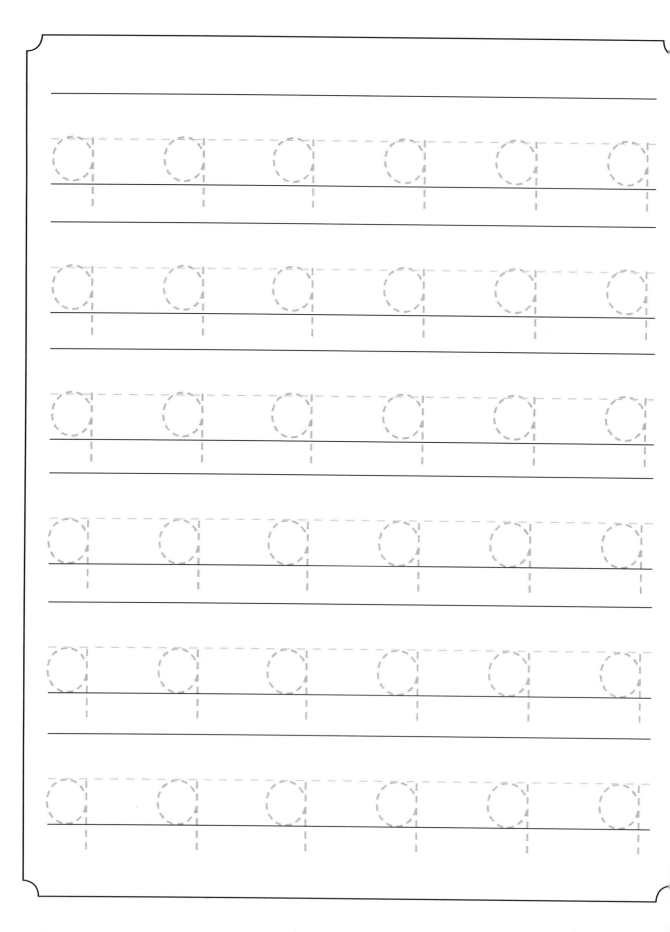

# R is for Robot

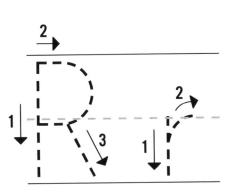

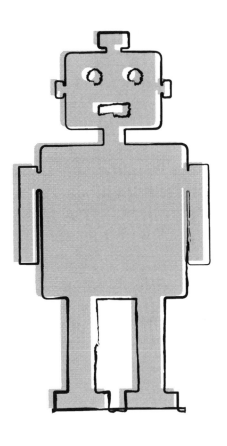

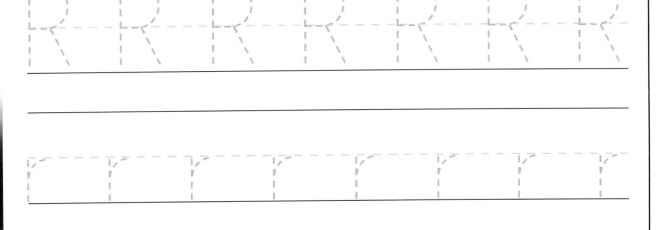

R R R R R R R R R

R R R R R R R R R

R R R R R R R R R

R R R R R R R R R

R R R R R R R R R

R R R R R R R R R

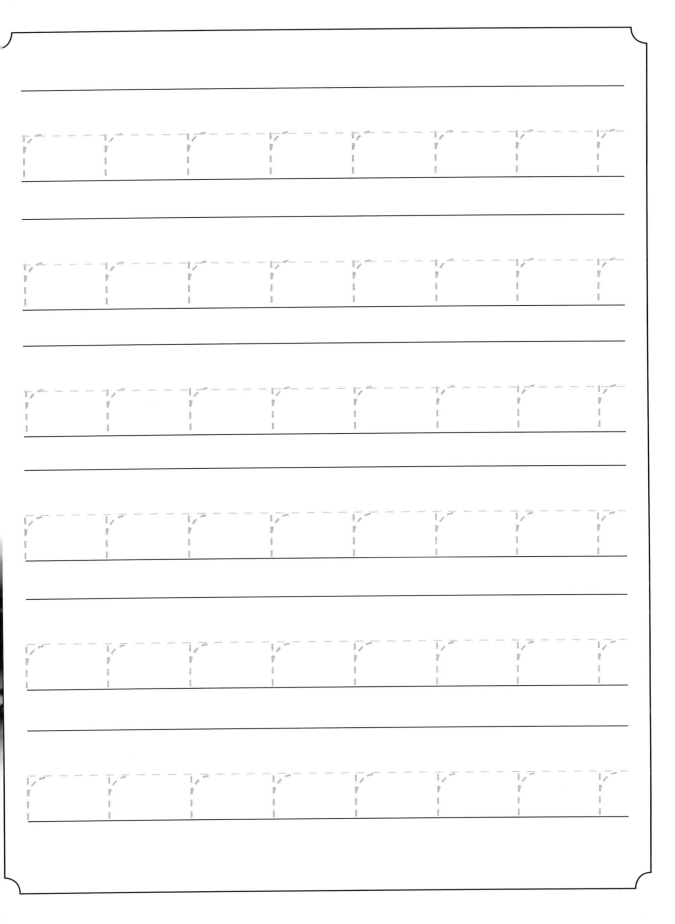

# S is for Sun

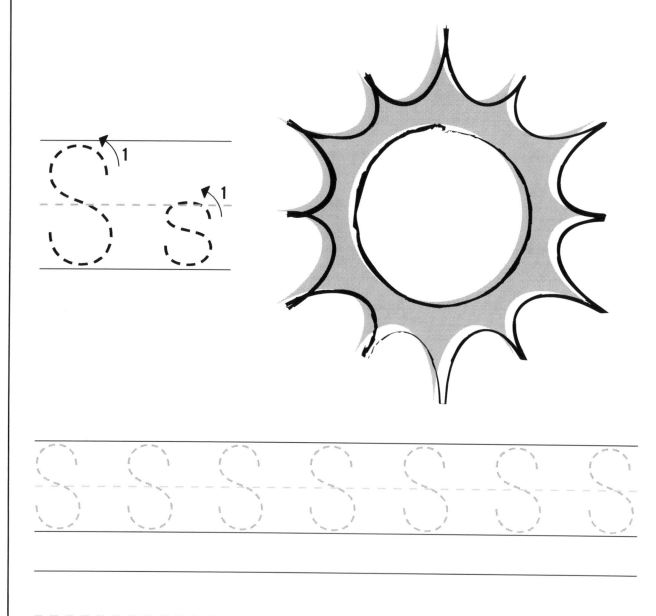

S S S S S S

S S S S S S

S S S S S S

S S S S S S

S S S S S S

S S S S S S

s s s s s s s

s s s s s s s

s s s s s s s

s s s s s s s

s s s s s s s

s s s s s s s

# T is for Tree

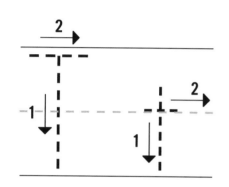

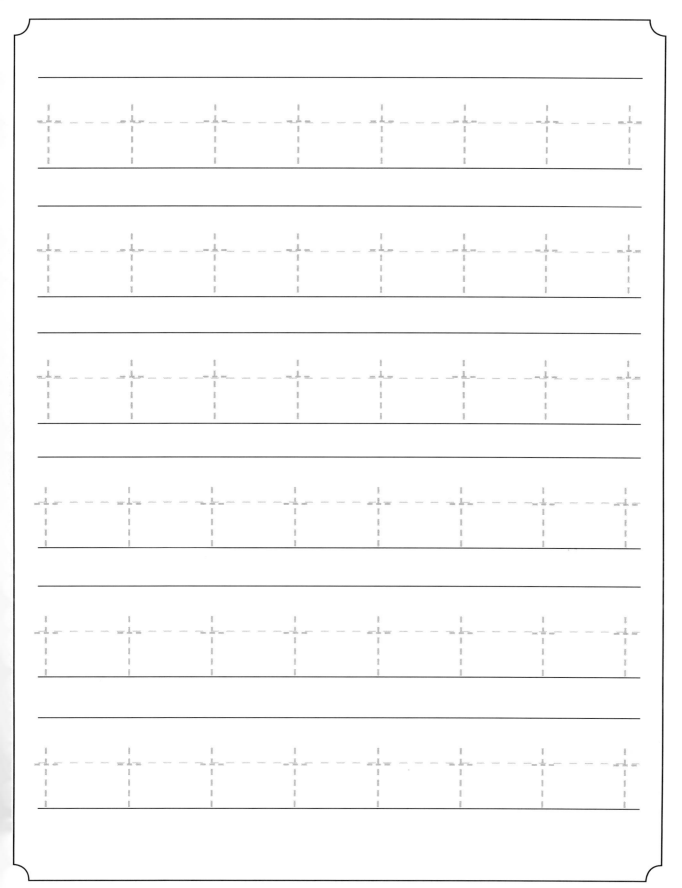

# U is for Umbrella

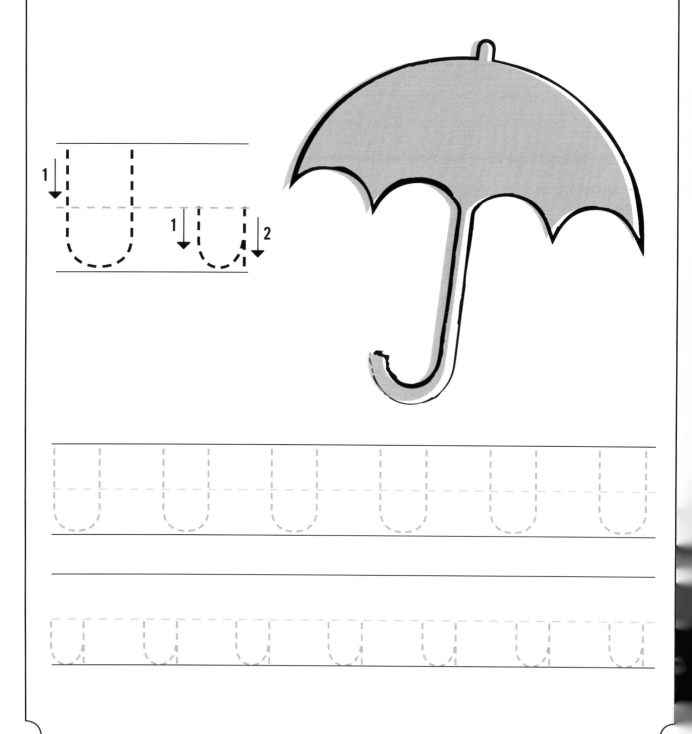

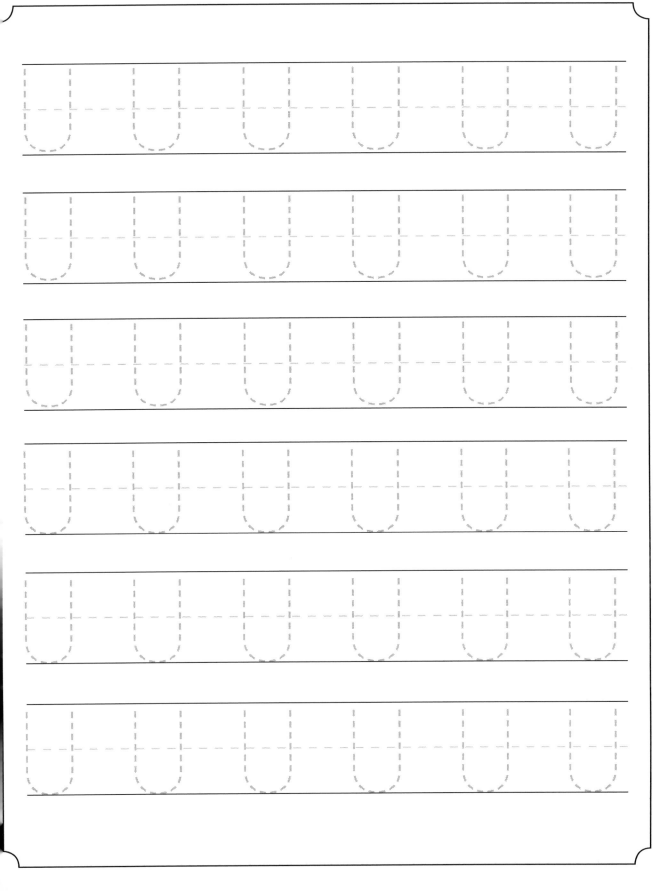

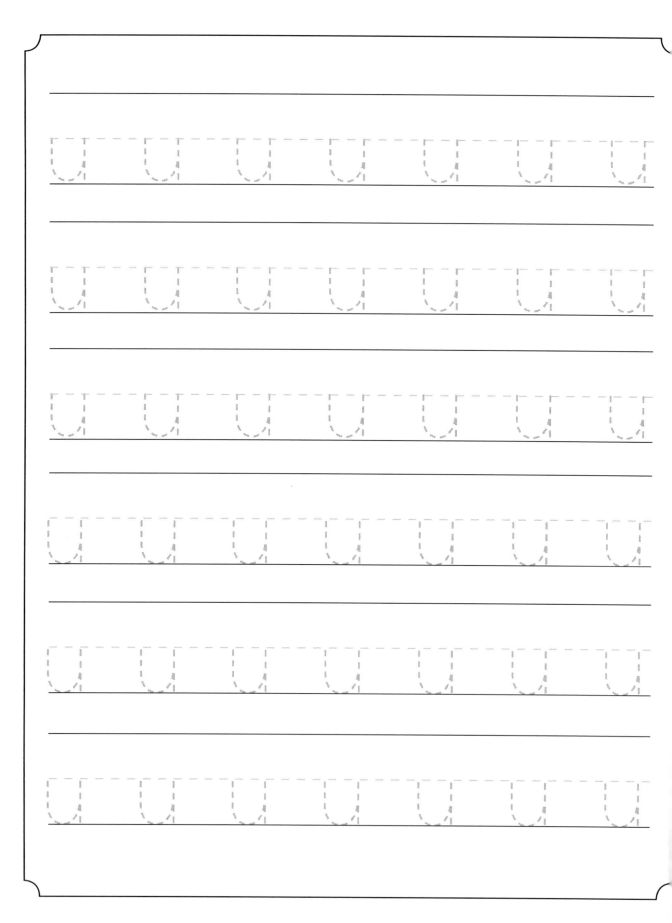

# V is for Violin

# W is for Watermelon

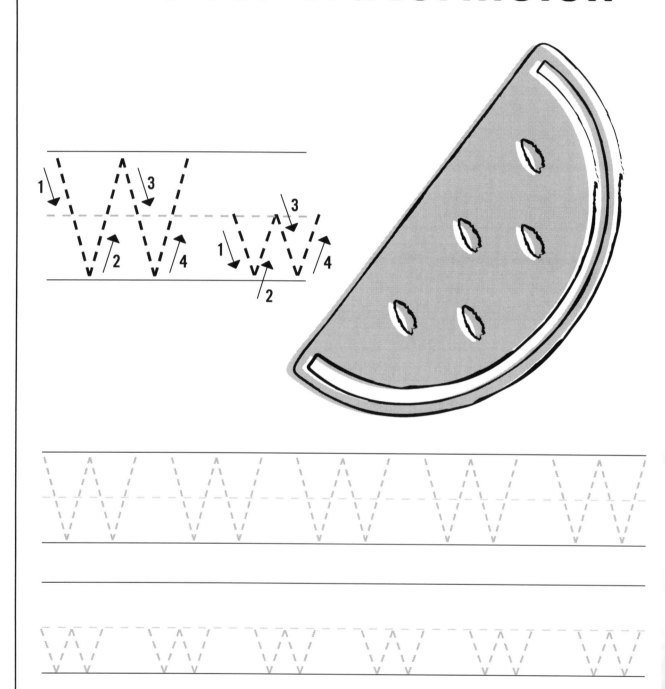

# X is for Xylophone

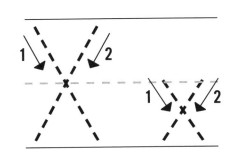

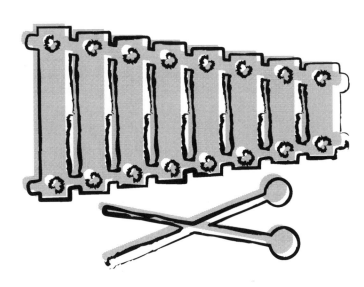

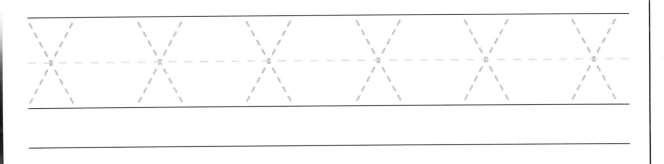

# Y is for Yolk

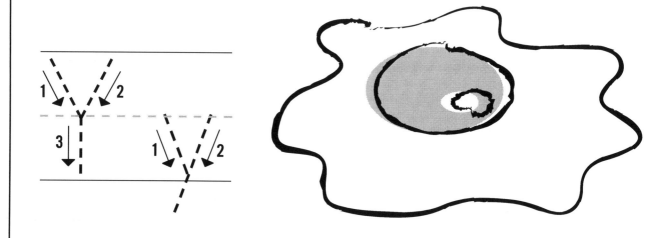

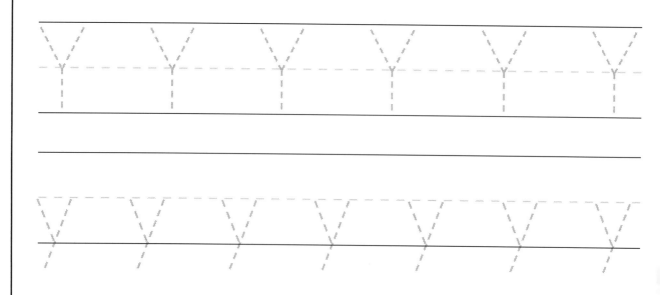

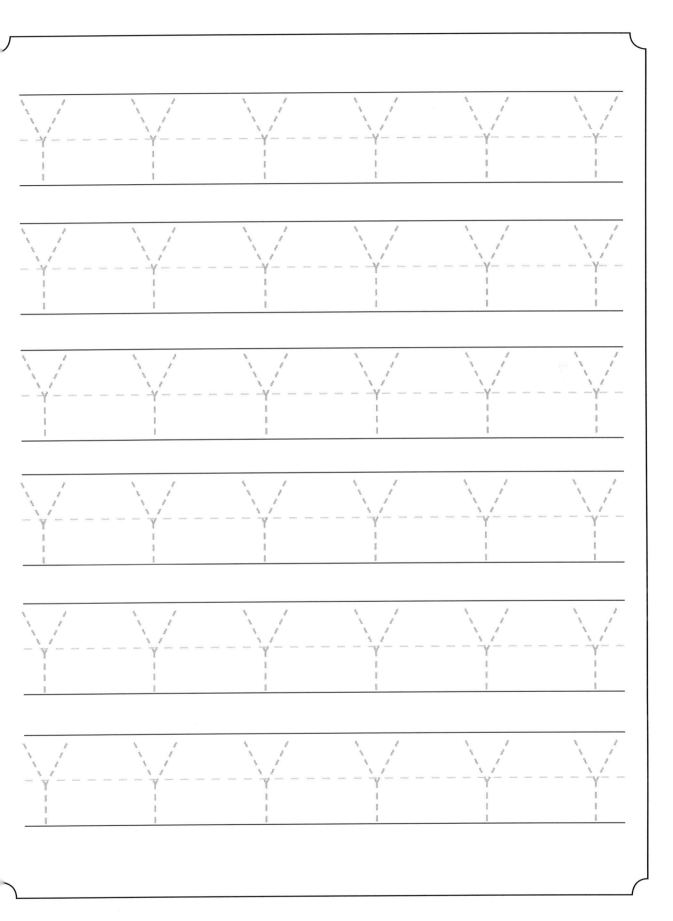

# Z is for Zipper

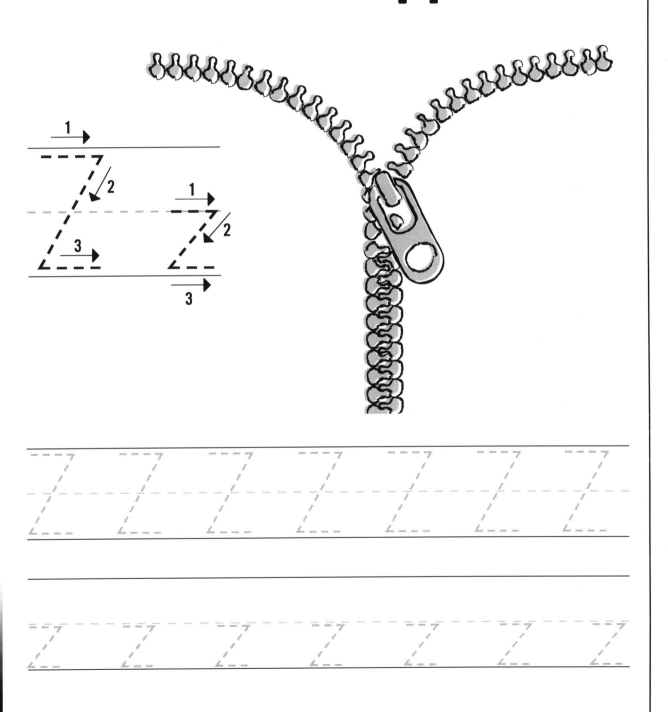

Z Z Z Z Z Z Z

Z Z Z Z Z Z Z

Z Z Z Z Z Z Z

Z Z Z Z Z Z Z

Z Z Z Z Z Z Z

Z Z Z Z Z Z Z

69603304R00046

Made in the USA
Middletown, DE
20 September 2019